Loi sur les Loyers du 9 Mars 1918

GUIDE PRATIQUE

DU

LOCATAIRE et du PROPRIÉTAIRE

DEVANT LES

COMMISSIONS ARBITRALES

Déclarations à faire. — Garanties à prendre. — Notifications. — Réductions. — Exonérations. — Augmentations. — Question de l'Eau. — Paiement de l'arriéré. — De la Preuve. — Procédure.

PAR

Alexandre JUVIN

GRADUÉ EN DROIT
DE L'UNIVERSITÉ D'ALGER

Prix : O fr. 75

1918
—
IMPRIMERIE CENTRALE L. BOUDET, 9, RUE DUCOS-DE-LA-HITTE
— ALGER —

L'AS DES APÉRITIFS
CINZANO
L'APÉRITIF DES AS.

AVANT-PROPOS

Au moment où les Commissions Arbitrales instituées par la Loi du 9 Mars 1918 commencent à fonctionner en Algérie, il nous a paru utile d'éclairer tant les locataires, que les propriétaires sur leurs droits et obligations.

Par notre petit « Guide », que nous écrivons dans un langage très simple et à la portée de tout le monde, nous voulons indiquer à chacun ce qu'il doit faire pour garantir ses droits.

Aux propriétaires, il indiquera la procédure très simple à suivre, soit pour essayer de toucher leurs loyers, soit pour se faire indemniser de leurs pertes.

Aux locataires, il fera connaître leurs droits de demeurer en possession des lieux loués tant pendant la durée de la guerre, que quelques temps après, ce qu'ils doivent payer de leurs termes etc.....

Tous les cas pouvant se présenter seront passés en revue. Pour chacun nous indiquerons ce qu'il y a lieu de faire.

Locataires et propriétaires pourront rapprocher les deux parties de notre « Guide ». De ce rapprochement ils tireront peut-être une conception plus juste de leurs devoirs en ces temps difficiles. Connaissant bien leurs droits, ils éviteront des froissements inutiles en ce moment où nous devons être tous unis ; et méditant sur ce vieil adage : « Mieux vaut un mauvais arrangement qu'un bon procès », ils essaieront de s'entendre à l'amiable et de traiter sans le secours de leurs juges.

Ainsi tout le monde sera satisfait.

A. JUVING.

M. Juving se tient à la disposition de ses lecteurs pour tous renseignements complémentaires sur les procès à engager ou à soutenir devant les Commissions arbitrales.

Il reçoit gratuitement tous les jours en son cabinet, 14, rue Bab-Azoun, Alger, près le Square Bresson.

TITRE I. — LOCATAIRES

CHAPITRE I. — MAINTENUS EN POSSESSION

A. — Locataires ayant loué avant la guerre les lieux qu'ils occupent actuellement

Pour cette catégorie, il n'y a aucune différence entre un locataire mobilisé ou non mobilisé. L'un et l'autre ne peuvent être mis dans l'obligation de vider les lieux sous aucun prétexte.

Procédure. — Si un propriétaire envoi un congé par huissier à un locataire entrant dans cette catégorie, ce locataire, qu'il paie ou non son loyer, et s'il n'est pas mobilisé, pourra protester par exploit d'huissier contre ce congé, en invoquant l'article 56 de la loi du 9 mars 1918. De plein droit il demeurera en possession des lieux loués.

Pour demeurer après la guerre dans les lieux loués, toujours dans les limites prévues, savoir :

1° 2 ans s'il s'agit d'un local à usage d'habitation, et :

2° Une durée égale à la guerre, s'il s'agit d'un local à usage commercial, industriel ou professionnel.

Ces locataires d'avant guerre devront faire connaître leur volonté aux propriétaires comme il est dit à l'article 58, par acte extra-judiciaire (huissiers), savoir : 3 mois après le décret fixant la cessation des hostilités, pour les mobilisés ; trois mois avant l'expiration du bail pour les non mobilisés.

N. B. — Pour les locations verbales le délai a expiré le 9 septembre. Un projet de loi de MM. Levasseur et Puech députés tend à proroger jusqu'au 1er janvier 1919, ce délai de déclaration.

Que peut faire un propriétaire à un locataire de cette catégorie s'il ne paie pas son loyer ?

Que ce locataire *soit*, ou *non*, mobilisé dans un dépôt ou en première ligne, tout propriétaire pourra faire pratiquer chez son locataire devenu son débiteur une *saisie-gagerie* sur les meubles, conformément au décret du 22 janvier 1916. Cette saisie, simple inventaire du mobilier, n'est qu'une mesure de conservation. La loi défend seulement toute procédure d'exécution contre les mobilisés.

B. — Locataires ayant loué pendant la guerre les lieux qu'ils occupent actuellement

Dans ce cas il y a des distinctions à faire :
Peuvent demeurer en possession des lieux loués pendant la guerre et 6 mois après :

1° Tous les mobilisés.

2° Les veuves des militaires morts sous les drapeaux depuis la guerre ou femmes de militaires disparus.

3° Parents qui habitaient ces lieux avec les militaires décédés ou disparus.

4° Personnes qui habitaient ces lieux avec ces militaires et qui étaient à leur charge.

5° Réformés pour blessures ou maladies de guerre.

6° Femmes de français retenus en pays envahis, ennemis ou neutres. Egalement pour les parents qui habitaient les lieux avec ces français retenus hors de France.

Procédure. — En cas de congé, protester par huissier, autant que possible, en ayant soin de bien préciser le cas et en invoquant le bénéfice de la loi (articles 18, 19 ou 20, paragraphes 1, 2, 3 ou 4.

CHAPITRE II. — AUGMENTATION DU LOYER

Peut-on augmenter un locataire pendant la guerre ?

En principe, un propriétaire ne peut pas imposer à son locataire une augmentation de loyer ; il violerait les conventions des parties. Mais le propriétaire peut rompre le contrat, en donnant congé, dans les délais de la loi, pour un terme d'usage. (Les termes, en Algérie, sont le 15 janvier, le 15 avril, le 15 juillet, le 15 octobre ; les délais sont de : 45 jours avant le terme pour les locations au dessous de 400 francs ; 90 jours pour les locations de 400 francs et au dessus, 180 jours pour une maison entière, un corps de logis entier ou une boutique sur la rue)..

Cependant, le propriétaire ne peut donner congé à aucun des locataires que la loi maintient en possession des lieux loués, (articles 18, 19, 20, 56, 58).

Si le propriétaire tente d'imposer une augmentation à un locataire de cette catégorie, le locataire devra lui adresser une protestation par lettre recommandée sans enveloppe et avec accusé de réception (coût 0,55).

Un locataire bénéficiaire de la loi (maintenu en possession)
qui a obtenu une réduction de son propriétaire peut-il
voir cette réduction supprimée ?

Non. — L'article 28 de la loi stipule que les conventions et transactions librement conclues entre le locataire et le propriétaire depuis le 4 août 1914 demeurent valables.

Exception : L'annulation de ces conventions est possible si depuis la réduction le locataire à eu sa situation modifiée avantageusement.

Procédure. — En cas de demande de rétablissement de l'ancien prix, le locataire fera connaître, par huissier à son propriétaire qu'il entend continuer à bénéficier de la réduction qu'il lui a consentie, et ce, conformément à l'article 28.

CHAPITRE III. — RÉDUCTIONS ET EXONÉRATIONS

Règle Générale

Tout locataire mobilisé ou non mobilisé qui justifiera avoir été privé par suite de la guerre soit des avantages d'utilité ou d'usage de la chose louée, soit d'une notable partie des ressources sur lesquelles il pouvait compter pour faire face au paiement du loyer pourra obtenir pour la durée de la guerre et les six mois qui suivront, une réduction de prix pouvant aller, dans certains cas et à *titre exceptionnel*, jusqu'à l'exonération totale.

Pour obtenir une réduction il faut la demander et prouver qu'on la mérite. C'est cette preuve que tout demandeur devra faire devant la Commission arbitrale après qu'il aura assigné son propriétaire en *réduction de loyer*. (Voir *Procédure*),

La loi prévoit des *exonérations de droit* et des *exonérations par présomption* :

A. — Exonérations de droit

Sont exonérés pendant la guerre et les 6 mois qui suivront le décret fixant la fin des hostilités (Petits locataires) :

1° Les mobilisés. — 2° Les réformés de guerre. — 3° Les attributaires d'allocations militaires ou de chômage pour lesquels la guerre à supprimé presque toutes ressources, ne touchant aucun traitement ou salaire égal à celui d'avant guerre, habitant les lieux loués antérieurement au 2 août 1914 et ne payant par an qu'un loyer égal ou inférieur à ceux compris dans le tableau synoptique de la page 5.

Exonération de Droit dans les Communes

	de moins de 1.000 habitants	de 1.001 à 5.000 habitants	de 5.001 à 20.000 habitants	de 20.001 à 100.000 habitants	de 100.001 et au dessus
Mariés	100	150	200	300	400
Célibataires	75	100	150	250	350

Les chiffres mentionnés ci-dessus seront augmentés de 100 francs par an et par enfant au-dessous de 16 ans ou autre personne complètement à la charge du locataire pour les villes de 100.000 habitants et au dessus, et de 75 francs pour toutes les autres villes,

B. — Présumés exonérés par la Loi

Sous la réserve que le propriétaire ne pourra pas établir devant la Commission arbitrale, que leurs moyens d'existence étaient suffisants pour payer leurs loyers, sont exonérés du paiement de ce qu'ils doivent sur leurs loyers échus du 1er août 1914 au 1er avril 1918 :

1° Les locataires *non mobilisés* rentrant dans la catégorie des petits locataires et payant les prix indiqués dans mon tableau précédent des exonérations de droit (page 5).

2° Les mobilisés rentrant dans la même catégorie de petits locataires, mais qui ne sont pas exonérés de plein droit, parce qu'ils n'ont pas perdu leur gain habituel.

Procédure. — Pour la période passée (du 1er août 1914 au 1er avril 1918), la preuve appartient aux propriétaires. (voir II* partie : Propriétaires, page 8 et suivantes).

Pour la période à venir (à partir du 1er avril 1918), cette catégorie de locataires devra payer le loyer intégralement comme par le passé. — Si leur situation ne le leur permet pas, ils demanderont une *Réduction.* — Les autres locataires non compris dans la catégorie des petits locataires bénéficient du même avantage.

CHAPITRE IV. — PAIEMENT DE L'ARRIÉRÉ

Termes et délais

En principe, du 1er août 1914 au 1er avril 1918, il n'y aura pas d'arriéré pour les petits locataires puisque, soit par l'exonération de plein droit, soit par l'exonération bienveillante de l'article 16 de la loi, ils ne doivent rien à leurs propriétaires.

M. Chéron a appelé cela la « liquidation », lors de son discours remarquable à la Chambre, du 12 février 1918 ; le Sénat l'a qualifié de « coupure ». — Liquidation ou coupure, peu importe ; pour tous les locataires, il y a « présomption de détresse » pour cette période.

Pour tous les locataires payant un loyer supérieur à ceux indiqués dans mon tableau synoptique de la page 5 et ayant un arriéré, il est à prévoir que la Commission arbitrale qui fixera le taux de leur dette, leur accordera toutes facilités de paiement et ce, en rapport avec leurs ressources. (Article 17 de la loi).

Avis important. — Tout locataire qui aura sous-loué tout ou partie du local qu'il occupe devra payer à son propriétaire le montant de cette sous-location jusqu'à concurrence de son loyer.

CHAPITRE V. — RÉSILIATIONS

A. — De Droit par simple avis

1° A la demande de la veuve, des enfants, ascendants ou collatéraux habitant avec le locataire tué ou décédé des suites de blessures ou de maladies contractées sous les drapeaux (article 3, de la loi).

2° A la demande des veuves ou enfants, d'un locataire présumé décédé par suite des faits de guerre.

Observations. — 1° Ces résiliations auront toujours lieu sans indemnité à l'exception toutefois de l'indemnité d'aménagement exceptionnel pour laquelle la Commission arbitrale devra intervenir en fixant le taux.

2° En cas de désaccord entre les héritiers pour la résiliation du bail, la Commission tranchera.

3° En cas d'accord absolu entre les héritiers, faire la déclaration de résiliation par lettre recommandée avec accusé de réception et sans enveloppe, adressée au propriétaire. (Rapport de M. Ignace à la Chambre des députés.

N. B. — Ces résiliations doivent être demandées au plus tard six mois après le décès ou la reception de l'avis officiel.

B. — De Droit mais par la Commission

Ces demandes seront soumises à la décision de la Commission arbitrale qui pourra quelquefois fixer une indemnité. Elles concernent les baux des :

1° Locataires présumés décédés par suite de faits de guerre.

2° Locataires blessés ou malades (Dans ce 2° cas sur la demande personnelle de l'intéressé).

C. — Facultatives

Ces demandes seront toutes soumises à la Commission dans les 3 mois du décret fixant la cessation des hostilités.

La résiliation pourra être accordée avec ou sans indemnité après enquête. Ces résiliations facultatives concernent tous les locataires ayant subi des modifications de situation, mobilisés comme non mobilisés.

CHAPITRE VI. — DE LA PREUVE

---

a). — Pour les exonérations totales, partielles ou facultatives celles que j'ai traitées dans mon chapitre IV : Réduction, et dérivant de l'article 14 de la loi, c'est au locataire qu'il appartiendra de justifier sa demande, sauf s'il était mobilisé. Dans ce cas ce sera au propriétaire d'établir que ce locataire avait quand même les moyens de faire face au paiement intégral de son loyer.

b). — Pour toutes les autres exonérations de droit, c'est au propriétaire seul qu'il appartient de faire la preuve contraire.

c). — Pour l'exonération provenant de la présomption de détresse (article 16 de la loi), et portant sur les loyers échus du 1er Août 1914 au 1er Avril 1918. c'est également au propriétaire qu'il appartient d'administrer la preuve.

CHAPITRE VII. — QUESTION DE L'EAU

*Un locataire bénéficiaire de la loi, ne payant pas
son loyer a-t-il droit à l'eau ?*

Oui. — Il a droit à tous les avantages de la chose louée. — S'il ne paie pas son loyer c'est en vertu des dispositions de la loi qui a différé le paiement.

*Le propriétaire dans ce cas peut-il obliger un locataire à lui
payer mensuellement une redevance
de 2, 3, ou 4 francs pour l'eau ?*

Non. — Légalement, comme je l'ai dit précédemment, le propriétaire doit laisser l'eau et sans prétendre à aucune indemité.

Avis Important. — Que mes lecteurs me comprennent bien. Ces deux demandes et leurs réponses ne sont applicables qu'à l'avenir. Si antérieurement ils ont accepté de payer une redevance, ils ne peuvent plus se refuser à la payer, tant que le propriétaire ne brisera pas ce contrat par une nouvelle exigence.

PROCÉDURE DEVANT LES COMMISSIONS

Les locataires trouveront à la 3e partie de mon guide tous les renseignements nécessaires pour introduire une instance quelconque devant une commission arbitrale.

TITRE II. — PROPRIÉTAIRES

Le principe de la loi du 9 Mars 1918 est : « qui peut payer doit payer ». Le législateur conscient de ses devoirs sociaux en ces temps exceptionnels, a voulu simplement répartir sur tous les citoyens, au prorata de leurs ressources et de leurs besoins, les douloureux sacrifices nés de cette grande et longue guerre.

Vous ne devez donc pas engager d'inutiles instances contre les locataires bénéficiaires de la loi ; vous ne devez pas donner congé à ceux qui ont le droit de demeurer chez vous. Vous ne devez pas essayer d'augmenter les prix des loyers de ces mêmes locataires pas plus que les nouveaux envers lesquels vous avez librement consenti une réduction déterminée pour toute la durée de la guerre. — Vos conventions demeurent valables ; vous ne pouvez ni ne devez les modifier.

Dans la 1re partie de mon Guide vous trouverez quels sont les locataires sur lesquels vous avez prise et quels sont vos moyens de preuve. Je n'y reviendrai pas.

Maintenant vous devez faire l'impossible pour faire payer ceux de vos locataires qui le peuvent. — c'est, en même temps que votre intérêt direct, votre devoir absolu.

Je dis « devoir », car tout ce que vous encaisserez par vous même, l'Etat français n'aura pas à vous en indemniser. Vous rendrez donc service au bien public en ménageant les Finances du pays qui sont alimentées par la collectivité. — Comptez donc sur l'appui de la Commission arbitrale pour cette catégorie de locataires ; vous obtiendrez satisfaction, car nous n'avons pas nous, contribuables, à supporter les charges souvent augmentées par la mauvaise volonté de débiteurs adroits. C'est à eux à payer s'ils le peuvent, et non à l'Etat.

Examinons donc vos moyens :

1° — De la Preuve qui vous incombe.

Quiconque est mobilisé est dispensé de la preuve. Cette preuve il vous appartient de la donner.

On entend par preuve, *une preuve juridique* et non des mots. — Ayez toujours présent à la mémoire, cet extrait de jugement que je vous offre et rendu par la Commission arbitrale du 9e arrondissement de Paris le 18 septembre 1918. Cette Commission était présidée par M. Hugot Conseiller à la Cour de Paris, assisté de deux propriétaires et de deux locataires.

Un banquier locataire, *mobilisé* à Paris, assignait son propriétaire en réduction des loyers arriérés s'élevant à 13.666 fr. et en résiliation immédiate de son bail qui ne devait expirer qu'en 1920 ! Le locataire offrait de payer 25 pour 100 des loyers arriérés.

Le propriétaire que représentait Me Claude Weyl avocat à la Cour, soutenait que la maison de banque était demeurée ouverte pendant toute la guerre et que le locataire n'avait en rien modifié son genre de vie d'avant-guerre, puisqu'il avait conservé deux domestiques, son téléphone et avait habité l'appartement avec toute sa famille, qui, chaque année allait à la mèr......

Malgré ces intéressantes observations la Commission a jugé que ce locataire ne devait pas plus des 25 o/o offerts par lui, attendu que la loi oblige le propriétaire à faire la preuve contre les mobilisés qui ont les moyens de payer leur loyer et que les explications détaillées de Me Weyl ne constituaient pas une preuve juridiquement établie.

En conséquence, je le repète, le locataire a le droit, lorsqu'il est mobilisé, d'attendre que le propriétaire fasse contre lui, la preuve qu'il a les moyens de payer, ce qui, en fait *est toujours très difficile.*

2° De la validité des actes extra-judiciaires qui vous sont faits

1. — Protestation aux congés :

Aucune forme précise, aucun délai. Tout locataire d'avant la guerre bénéficiaire de la loi qui reçoit un congé « *qu'il n'aurait pas dû recevoir,* n'est pas forcément tenu de protester.

Un locataire *de la guerre* est tenu au contraire de protester immédiatement, car le propriétaire peut ignorer qu'il est dans l'un des cas prévus aux articles 19 et 20 de la loi (veuves de guerre, blessés, disparus, etc).

2. — Prorogation des baux :

Vous avez vu dans le 1er Chapitre de ce Guide quels étaient les délais. — Pour les locations faites sans écrit l'échéance est passée. Vos locataires sont forclos à moins que le législateur leur accorde, comme il en est question, jusqu'au 1er janvier 1919 pour se mettre en règle.

Pour la prorogation des baux, pour que le locataire demandeur bénéficie de la prorogation, il faut qu'il ait souffert de la guerre.

Si vous prouvez juridiquement que tel ou tel locataire n'a pas eu de modifications dans sa situation ou qu'il a eu des bénéfices exceptionnels (loi du 1er juillet 1916), vous demanderez à la Commission arbitrale d'annuler la demande qu'il vous aura faite par huissier.

3. — Résiliation des baux :

Il n'est pas nécessaire que le locataire vous envoie l'huissier. Une simple lettre recommandée suffira. — Veillez seulement à ce que cette lettre vous parvienne dans les délais prescrits (voir Résiliations page 6). Si vous prétendez recevoir une indemnité quelconque ou si la réalisation demandée n'étant pas de « plein droit » vous la contestez, faites immédiatement des réserves, et assignez devant la Commission arbitrale.

3° Prêts Hypothécaires.

Beaucoup de petits ou de nouveaux propriétaires ont été dans l'obligation avant la guerre d'emprunter sur hypothèques pour faire face à leurs paiements. Sont-ils dans l'obligation de continuer le paiement des intérêts, si la guerre a aggravé leur situation ? — Non, le législateur a prévu cela ; et, dans son article 32, il protège ces débiteurs. Il est entendu, « qu'au « cas où, par le fait de la guerre, le propriétaire se trouvera

« privé d'une notable partie des ressources sur lesquelles il
« pouvait compter pour faire face aux paiements de ses dettes
« hypothécaires et privilégiées, la Commission arbitrale pour-
« ra, sur sa demande, et malgré toutes stipulations contraires,
« lui accorder les délais qu'elle jugera nécessaires, tant pour
« le paiement du principal en cas d'exigibilité, que pour **le**
« paiement des *intérêts*, annuités ou arrérages échus avant ou
« pendant la durée des hostilités ».

Point de départ des délais : — La date d'exigibilité de la
créance.

Durée des délais : — Au maximum trois ans plus une durée
égale à celle des hostilités.

Le créancier du propriétaire devra être appelé devant la
Commission arbitrale en la forme et en la manière prescrites
par la loi (titre III de mon guide).

4° Des Saisies Conservatoires

a) Forme. — Présenter requête soit au juge de paix (loyers
au dessous de 600 fr.), soit au Président du Tribunal Civil
(au dessus de 600 fr.), qui autorisera la saisie gagerie, conformément au décret du 22 janvier 1916 et à l'article 819 du Code
de Procédure Civile. — Ensuite l'huissier opèrera conformément à l'ordonnance rendue et après visa du Procureur.

b) Exécution. — Si le locataire saisi quitte les lieux sans
autorisation, le propriétaire aura le droit de réaliser son
gage.

c) Limitation du Privilège. — Le locataire peut demander à
la Commission arbitrale seulement, que la saisie soit limitée
à tel ou tel objet. On fera droit à sa demande si les trois con-
ditions suivantes sont réalisées : 1° que les objets à saisir soient
déterminés, 2° qu'ils soient suffisants, 3° qu'ils restent le gage
garnissant les lieux.

d) Objets non saisissables. — Ces objets peuvent se résumer
en quatre classes selon leur destination ; 1° coucher, 2° travail,
3° manger, 4° cuisine.

5° Des Indemnités payées par l'Etat

A. — Qui est-ce qui, en définitive, supportera l'indemnité ?

Sera-ce l'Etat, c'est-à-dire la masse de tous les contribuables ?
Seront-ce seulement tous les propriétaires de France ou de
chaque département à l'aide d'une tontine générale ou dépar-
tementale ? C'est ce que décidera une loi postérieure détermi-
nant les voies et moyens à l'aide desquels il sera fait face au
paiement de ces indemnités.

a) Bénéficaires du droit à l'indemnité. — Il faut être petits
propriétaires. — Donc sont bénéficiaires : 1° Tous les proprié-

taires qui auront des locataires payant un loyer égal ou inférieur à ceux précisés dans mon tableau synoptique de la page.

2° Tous les propriétaires dont le revenu pour lequel ils ont été imposés en vertu des lois d'impôt sur le revenu ne dépasse pas : Pour les villes de 100.000 habitants et plus : 8.000 francs par an ; de moins de 100.000 habitants 5.000 francs.

N. B. — Le revenu se comprend « net », c'est-à-dire déduction faite des charges, non pas la propriété, mais du propriétaire.

b). *Quantum de l'Indemnité.* — L'Indemnité est en principe de la moitié de la perte.

Cependant, pour l'Algérie, il appartient seulement aux délégations financières de fixer ce quantum.

c). *Mode de Paiement.* — 1° Le paiement se fera par l'Etat en 10 annuités.

2° Le minumum de la 1re annuité sera d'au moins 1000 francs le reste en 10 ans.

3° Si la totalité de la créance est inférieure à 1000 francs, elle sera payée de suite en entier.

d). *Dates des paiements.* — La 1re indemnité sera payée dans le mois de la date de la décision du Directeur de l'Enregistrement accordant l'indemnité. La 2e annuité un an après et ainsi de suite.

e). *Intérêts.* — Chaque annuité produira des intérêts à 5 % payables avec l'annuité.

Avis important. — Le trésor pourra faire des avances sur ces titres aux propriétaires. Le petit propriétaire pourra payer ses dettes hypothécaires à l'aide de ces titres.

B. — *Procédure pour demander l'indemnité.*

Adresser une demande au directeur de l'Enregistrement du département, demander des formules à ses bureaux. — (Pour Alger 8, rue Monge).

Délai pour présenter demande : avant un an après la cessation des hostilités.

6° Remises d'Impôts

Cette remise est de droit. C'est une conséquence juridique de la réduction, elle a lieu non seulement au cas d'exonération légale et de réduction par la Commission, mais aussi au cas de réduction amiable. (Article 31 alinéa 3). Tous les propriétaires bénéficient de cette disposition.

A. — *Proportion de la remise.*

On doit l'établir automatiquement et mathématiquement entre la perte totale et les impôts totaux.

B. — *Forme de la demande.*

Il faut la faire comme une demande en modération d'impôts et au plus tard 3 mois après le jour où la réduction ou exonération est devenue définitive.

C. — *Pénalités.*

Au cas de fausse déclaration, les coupables seront passibles des peines de l'escroquerie.

PROCÉDURE DEVANT LES COMMISSIONS

Les propriétaires trouveront à la 3e partie de mon Guide tous les renseignements nécessaires pour introduire une instance quelconque devant une commission arbitrale.

TITRE III. — PROCÉDURE

Composition des Commissions Arbitrales

Le titre III de la loi du 9 mars traite de la *juridiction et de la Procédure* des Commissions arbitrales. Nous ne dirons rien ici de l'organisation des Commissions arbitrales, puisqu'elle regarde seulement les administrations judiciaire, municipale et préfectorale.

Bornons-nous à rappeler que les Commissions arbitrales sont composées, chacune d'un président, et de quatre assesseurs (deux propriétaires et deux locataires). Les femmes peuvent siéger comme assesseurs. Le Président doit être un magistrat, désigné par le premier Président de la Cour d'Appel. La Commission est assistée d'un secrétaire, également désigné par le premier Président.

Compétence des Commissions

Les Commissions arbitrales connaissent :

1° Des demandes en résiliation de bail avec ou sans indemnité, formulées : par les veuves, ou héritiers ; ou ayants droit des locataires tués à l'ennemi, ou décédés des suites de blessures reçues ou de maladies contractées sous les drapeaux ; ou par les locataires eux-mêmes, ou par les propriétaires dans les cas où la loi ne maintient pas les locataires en possession des lieux loués.

2° Des demandes en exonération totale ou partielle de loyers basées sur les articles 14, 15, 16, 18, 19, 20 de la loi.

3° Des demandes en paiement de loyers dûs.

4° Des demandes de délais pour le paiement des dettes hypothécaires tant en principal qu'en intérêts.

Enfin, d'une manière générale, de toutes les contestations auxquelles la loi du 9 mars 1918 donnera lieu.

La loi, dans son article 19, interdit d'assigner devant les Commissions arbitrales, les locataires mobilisés, qui ne pourront être poursuivis que six mois après la cessation des hostilités.

Mais un locataire mobilisé peut appeler son propriétaire devant la Commission arbitrale pour statuer sur les différends qui peuvent les diviser.

Conciliations

Tous procès à introduire devant la Commission arbitrale doit être précédé d'une tentative de conciliation. Dans ce but, le demandeur se présentera au secrétaire de la Commission, qui invitera le défendeur, par lettre recommandée avec avis de réception, à comparaître devant le Président, dans un délai minimum de trois jours francs.

Si le défendeur n'a pas été touché en temps utile, le demandeur doit le faire citer par exploit d'huissier.

Les parties doivent comparaître personnellement ; mais elles peuvent se faire assister d'un avocat inscrit au tableau, ou d'un officier ministériel. Le Président peut, exceptionnellement, permettre qu'une partie se fasse représenter sans comparaître en personne ; il appréciera les motifs invoqués par les plaideurs pour obtenir cette dispense.

Les parties peuvent déclarer d'un commun accord au moment de la tentative de conciliation, qu'elles ne veulent pas être jugées par la Commission arbitrale au complet, et qu'elles choisissent le Président comme arbitre.

Dans ce cas, le Président rend un jugement définitif, sans qu'il soit procédé aux formalités judiciaires.

Les parties, peuvent mutuellement se dispenser des formalités (lettre recommandée) et se présenter ensemble devant le Président.

Audiences

Si les parties ne se concilient pas, ou si le défendeur n'a pas comparu en conciliation, le demandeur informe le secrétaire de son intention de poursuivre l'affaire.

Le secrétaire convoque alors le demandeur et le défendeur par lettres recommandées avec avis de réception, pour une prochaine audience de la Commission arbitrale. Les convocations doivent parvenir aux plaideurs trois jours au moins avant celui de l'audience.

Si le défendeur n'a pas été touché par la lettre recommandée à lui destinée, le demandeur le fait citer par exploit d'huissier.

Jugement de défaut. — Si le défendeur ne comparaît pas à l'audience, la Commission rend un jugement de défaut, qui est notifié au défaillant au moyen d'une lettre recommandée que lui écrira le secrétaire, avec avis de réception. Cette lettre recommandée doit être déposée à la poste dans les trois jours du prononcé du jugement.

Si le défaillant n'est pas touché par cette lettre recommandée, la notification du jugement doit lui être faite par exploit d'huissier

Oppositions. — Le défaillant a un délai de quinze jours pour faire opposition au jugement. Ce délai court à partir du jour ou le défaillant a reçu la notification. Pour faire opposition il suffit de se présenter au secrétariat, qui prend note de la déclaration et en donne récépissé.

L'affaire revient alors à l'audience la plus prochaine, sur lettres recommandées du secrétaire ou sur exploit d'huissier, en observant toujours le même délai de trois jours francs.

Jugements contradictoires. — Si les deux parties se présentent dès la première audience, ou si, après les formalités indiquées ci-dessus, de l'opposition, une des parties ne se présente pas, la Commission arbitrale rend un jugement *contradictoire*, qui est notifié par le secrétaire, par lettre recommandée avec avis de réception dans les trois jours du prononcé ; ce délai, comme les précédents, est augmenté d'un jour par cinq myriamètres de distance.

Comparution. — Comme pour la conciliation les parties doivent comparaître en personne à l'audience ; mais elles peuvent s'y faire assister d'un membre de leur famille, d'un avocat inscrit ou d'un officier public ou ministériel.

La Commission arbitrale peut autoriser un justiciable à se faire représenter par les mêmes personnes ; mais dans ce cas, les membres de la famille doivent être munis d'un pouvoir sur papier libre avec signature légalisée et non enregistré.

Publicité. — Les audiences sont publiques, mais à la demande d'une des parties, la Commission peut décider que les débats auront lieu en Chambre du Conseil ; dans ce cas, le jugement sera lu à l'audience publique.

Il est interdit de rendre compte des débats par la voie de la Presse, sous peine d'une amende de 100 à 2000 francs.

Voie de Recours

Les décisions des Commissions arbitrales ne sont pas susceptibles d'appel. Mais elles peuvent être attaquées par voie de recours en cassation pour excès de pouvoir ou violation de la loi.

La partie qui veut se pourvoir en cassation doit faire une déclaration au secrétariat dans les quinze jours de la notification du jugement. A partir du jour de la déclaration, elle a quinze jours de délai pour faire notifier la dite déclaration à la partie adverse.

APPENDICE

Nous pensons avoir accompli la tâche que nous nous sommes imposé. Mais en terminant, il est bon de faire remarquer au lecteur qu'il ne doit pas confondre les textes que nous avons essayé d'éclaircir dans cette brochure, avec ceux qui ont trait aux baux ruraux.

Une loi du 17 août 1917 règle, pour la Métropole, les rapports entre bailleurs et locataires de fonds ruraux. Mais, cette loi n'est pas applicable à l'Algérie ; nous sommes donc ici sous le régime du décret du 19 septembre 1914, aux termes duquel le locataire, mobilisé, d'une propriété est tenu de faire devant le juge de paix de son canton une déclaration exprimant son désir d'être maintenu en possession après l'expiration du bail.

Cette déclaration doit être faite soixante jours au moins avant la date d'expiration.

A. J.

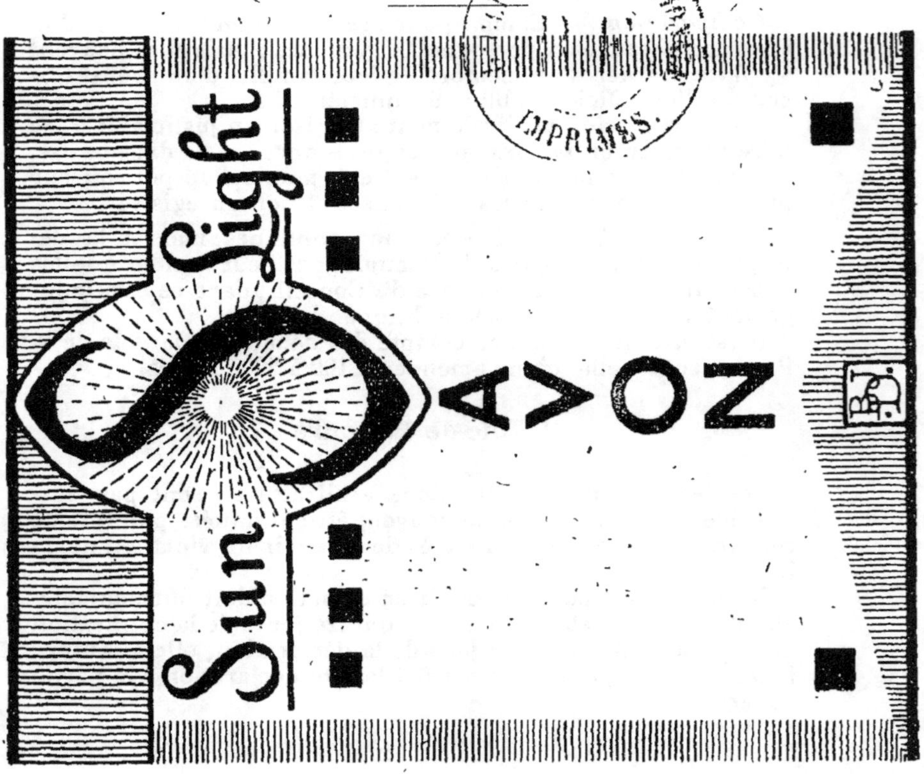

FLORIO.

LAIT SUISSE
BERNA
En bonne place
dans toute cuisine
de bonne maison
vous trouverez le
Lait concentré
BERNA